THIS PASSWORD ORGANISER BELONGS TO:

_____

_____

_____

WEBSITE:

USERNAME/EMAL:

DATE/PASSWORD:

DATE/PASSWORD:

DATE/PASSWORD:

DATE/PASSWORD:

DATE/PASSWORD:

WEBSITE:

USERNAME/EMAIL:

DATE/PASSWORD:

DATE/PASSWORD:

DATE/PASSWORD:

DATE/PASSWORD:

DATE/PASSWORD:

WEBSITE:

USERNAME/EMAIL:

DATE/PASSWORD:

DATE/PASSWORD:

DATE/PASSWORD:

DATE/PASSWORD:

DATE/PASSWORD:

WEBSITE:

USERNAME/EMAL:

DATE/PASSWORD:

DATE/PASSWORD:

DATE/PASSWORD:

DATE/PASSWORD:

DATE/PASSWORD:

WEBSITE:

USERNAME/EMAIL:

DATE/PASSWORD:

DATE/PASSWORD:

DATE/PASSWORD:

DATE/PASSWORD:

DATE/PASSWORD:

WEBSITE:

USERNAME/EMAIL:

DATE/PASSWORD:

DATE/PASSWORD:

DATE/PASSWORD:

DATE/PASSWORD:

DATE/PASSWORD:

WEBSITE:

USERNAME/EMAL:

DATE/PASSWORD:

DATE/PASSWORD:

DATE/PASSWORD:

DATE/PASSWORD:

DATE/PASSWORD:

WEBSITE:

USERNAME/EMAIL:

DATE/PASSWORD:

DATE/PASSWORD:

DATE/PASSWORD:

DATE/PASSWORD:

DATE/PASSWORD:

WEBSITE:

USERNAME/EMAIL:

DATE/PASSWORD:

DATE/PASSWORD:

DATE/PASSWORD:

DATE/PASSWORD:

DATE/PASSWORD:

WEBSITE:

USERNAME/EMAL:

DATE/PASSWORD:

DATE/PASSWORD:

DATE/PASSWORD:

DATE/PASSWORD:

DATE/PASSWORD:

WEBSITE:

USERNAME/EMAIL:

DATE/PASSWORD:

DATE/PASSWORD:

DATE/PASSWORD:

DATE/PASSWORD:

DATE/PASSWORD:

WEBSITE:

USERNAME/EMAIL:

DATE/PASSWORD:

DATE/PASSWORD:

DATE/PASSWORD:

DATE/PASSWORD:

DATE/PASSWORD:

WEBSITE:

USERNAME/EMAL:

DATE/PASSWORD:

DATE/PASSWORD:

DATE/PASSWORD:

DATE/PASSWORD:

DATE/PASSWORD:

WEBSITE:

USERNAME/EMAIL:

DATE/PASSWORD:

DATE/PASSWORD:

DATE/PASSWORD:

DATE/PASSWORD:

DATE/PASSWORD:

WEBSITE:

USERNAME/EMAIL:

DATE/PASSWORD:

DATE/PASSWORD:

DATE/PASSWORD:

DATE/PASSWORD:

DATE/PASSWORD:

WEBSITE:

USERNAME/EMAL:

DATE/PASSWORD:

DATE/PASSWORD:

DATE/PASSWORD:

DATE/PASSWORD:

DATE/PASSWORD:

WEBSITE:

USERNAME/EMAIL:

DATE/PASSWORD:

DATE/PASSWORD:

DATE/PASSWORD:

DATE/PASSWORD:

DATE/PASSWORD:

WEBSITE:

USERNAME/EMAIL:

DATE/PASSWORD:

DATE/PASSWORD:

DATE/PASSWORD:

DATE/PASSWORD:

DATE/PASSWORD:

WEBSITE:

USERNAME/EMAL:

DATE/PASSWORD:

DATE/PASSWORD:

DATE/PASSWORD:

DATE/PASSWORD:

DATE/PASSWORD:

WEBSITE:

USERNAME/EMAIL:

DATE/PASSWORD:

DATE/PASSWORD:

DATE/PASSWORD:

DATE/PASSWORD:

DATE/PASSWORD:

WEBSITE:

USERNAME/EMAIL:

DATE/PASSWORD:

DATE/PASSWORD:

DATE/PASSWORD:

DATE/PASSWORD:

DATE/PASSWORD:

WEBSITE:

USERNAME/EMAL:

DATE/PASSWORD:

DATE/PASSWORD:

DATE/PASSWORD:

DATE/PASSWORD:

DATE/PASSWORD:

WEBSITE:

USERNAME/EMAIL:

DATE/PASSWORD:

DATE/PASSWORD:

DATE/PASSWORD:

DATE/PASSWORD:

DATE/PASSWORD:

WEBSITE:

USERNAME/EMAIL:

DATE/PASSWORD:

DATE/PASSWORD:

DATE/PASSWORD:

DATE/PASSWORD:

DATE/PASSWORD:

WEBSITE:

USERNAME/EMAL:

DATE/PASSWORD:

DATE/PASSWORD:

DATE/PASSWORD:

DATE/PASSWORD:

DATE/PASSWORD:

WEBSITE:

USERNAME/EMAIL:

DATE/PASSWORD:

DATE/PASSWORD:

DATE/PASSWORD:

DATE/PASSWORD:

DATE/PASSWORD:

WEBSITE:

USERNAME/EMAIL:

DATE/PASSWORD:

DATE/PASSWORD:

DATE/PASSWORD:

DATE/PASSWORD:

DATE/PASSWORD:

WEBSITE:

USERNAME/EMAL:

DATE/PASSWORD:

DATE/PASSWORD:

DATE/PASSWORD:

DATE/PASSWORD:

DATE/PASSWORD:

WEBSITE:

USERNAME/EMAIL:

DATE/PASSWORD:

DATE/PASSWORD:

DATE/PASSWORD:

DATE/PASSWORD:

DATE/PASSWORD:

WEBSITE:

USERNAME/EMAIL:

DATE/PASSWORD:

DATE/PASSWORD:

DATE/PASSWORD:

DATE/PASSWORD:

DATE/PASSWORD:

WEBSITE:

USERNAME/EMAL:

DATE/PASSWORD:

DATE/PASSWORD:

DATE/PASSWORD:

DATE/PASSWORD:

DATE/PASSWORD:

WEBSITE:

USERNAME/EMAIL:

DATE/PASSWORD:

DATE/PASSWORD:

DATE/PASSWORD:

DATE/PASSWORD:

DATE/PASSWORD:

WEBSITE:

USERNAME/EMAIL:

DATE/PASSWORD:

DATE/PASSWORD:

DATE/PASSWORD:

DATE/PASSWORD:

DATE/PASSWORD:

WEBSITE:

USERNAME/EMAL:

DATE/PASSWORD:

DATE/PASSWORD:

DATE/PASSWORD:

DATE/PASSWORD:

DATE/PASSWORD:

WEBSITE:

USERNAME/EMAIL:

DATE/PASSWORD:

DATE/PASSWORD:

DATE/PASSWORD:

DATE/PASSWORD:

DATE/PASSWORD:

WEBSITE:

USERNAME/EMAIL:

DATE/PASSWORD:

DATE/PASSWORD:

DATE/PASSWORD:

DATE/PASSWORD:

DATE/PASSWORD:

WEBSITE:

USERNAME/EMAL:

DATE/PASSWORD:

DATE/PASSWORD:

DATE/PASSWORD:

DATE/PASSWORD:

DATE/PASSWORD:

WEBSITE:

USERNAME/EMAIL:

DATE/PASSWORD:

DATE/PASSWORD:

DATE/PASSWORD:

DATE/PASSWORD:

DATE/PASSWORD:

WEBSITE:

USERNAME/EMAIL:

DATE/PASSWORD:

DATE/PASSWORD:

DATE/PASSWORD:

DATE/PASSWORD:

DATE/PASSWORD:

WEBSITE:

USERNAME/EMAL:

DATE/PASSWORD:

DATE/PASSWORD:

DATE/PASSWORD:

DATE/PASSWORD:

DATE/PASSWORD:

WEBSITE:

USERNAME/EMAIL:

DATE/PASSWORD:

DATE/PASSWORD:

DATE/PASSWORD:

DATE/PASSWORD:

DATE/PASSWORD:

WEBSITE:

USERNAME/EMAIL:

DATE/PASSWORD:

DATE/PASSWORD:

DATE/PASSWORD:

DATE/PASSWORD:

DATE/PASSWORD:

WEBSITE:

USERNAME/EMAL:

DATE/PASSWORD:

DATE/PASSWORD:

DATE/PASSWORD:

DATE/PASSWORD:

DATE/PASSWORD:

WEBSITE:

USERNAME/EMAIL:

DATE/PASSWORD:

DATE/PASSWORD:

DATE/PASSWORD:

DATE/PASSWORD:

DATE/PASSWORD:

WEBSITE:

USERNAME/EMAIL:

DATE/PASSWORD:

DATE/PASSWORD:

DATE/PASSWORD:

DATE/PASSWORD:

DATE/PASSWORD:

WEBSITE:

USERNAME/EMAL:

DATE/PASSWORD:

DATE/PASSWORD:

DATE/PASSWORD:

DATE/PASSWORD:

DATE/PASSWORD:

WEBSITE:

USERNAME/EMAIL:

DATE/PASSWORD:

DATE/PASSWORD:

DATE/PASSWORD:

DATE/PASSWORD:

DATE/PASSWORD:

WEBSITE:

USERNAME/EMAIL:

DATE/PASSWORD:

DATE/PASSWORD:

DATE/PASSWORD:

DATE/PASSWORD:

DATE/PASSWORD:

WEBSITE:

USERNAME/EMAL:

DATE/PASSWORD:

DATE/PASSWORD:

DATE/PASSWORD:

DATE/PASSWORD:

DATE/PASSWORD:

WEBSITE:

USERNAME/EMAIL:

DATE/PASSWORD:

DATE/PASSWORD:

DATE/PASSWORD:

DATE/PASSWORD:

DATE/PASSWORD:

WEBSITE:

USERNAME/EMAIL:

DATE/PASSWORD:

DATE/PASSWORD:

DATE/PASSWORD:

DATE/PASSWORD:

DATE/PASSWORD:

WEBSITE:

USERNAME/EMAL:

DATE/PASSWORD:

DATE/PASSWORD:

DATE/PASSWORD:

DATE/PASSWORD:

DATE/PASSWORD:

WEBSITE:

USERNAME/EMAIL:

DATE/PASSWORD:

DATE/PASSWORD:

DATE/PASSWORD:

DATE/PASSWORD:

DATE/PASSWORD:

WEBSITE:

USERNAME/EMAIL:

DATE/PASSWORD:

DATE/PASSWORD:

DATE/PASSWORD:

DATE/PASSWORD:

DATE/PASSWORD:

WEBSITE:

USERNAME/EMAL:

DATE/PASSWORD:

DATE/PASSWORD:

DATE/PASSWORD:

DATE/PASSWORD:

DATE/PASSWORD:

WEBSITE:

USERNAME/EMAIL:

DATE/PASSWORD:

DATE/PASSWORD:

DATE/PASSWORD:

DATE/PASSWORD:

DATE/PASSWORD:

WEBSITE:

USERNAME/EMAIL:

DATE/PASSWORD:

DATE/PASSWORD:

DATE/PASSWORD:

DATE/PASSWORD:

DATE/PASSWORD:

WEBSITE:

USERNAME/EMAL:

DATE/PASSWORD:

DATE/PASSWORD:

DATE/PASSWORD:

DATE/PASSWORD:

DATE/PASSWORD:

WEBSITE:

USERNAME/EMAIL:

DATE/PASSWORD:

DATE/PASSWORD:

DATE/PASSWORD:

DATE/PASSWORD:

DATE/PASSWORD:

WEBSITE:

USERNAME/EMAIL:

DATE/PASSWORD:

DATE/PASSWORD:

DATE/PASSWORD:

DATE/PASSWORD:

DATE/PASSWORD:

WEBSITE:

USERNAME/EMAL:

DATE/PASSWORD:

DATE/PASSWORD:

DATE/PASSWORD:

DATE/PASSWORD:

DATE/PASSWORD:

WEBSITE:

USERNAME/EMAIL:

DATE/PASSWORD:

DATE/PASSWORD:

DATE/PASSWORD:

DATE/PASSWORD:

DATE/PASSWORD:

WEBSITE:

USERNAME/EMAIL:

DATE/PASSWORD:

DATE/PASSWORD:

DATE/PASSWORD:

DATE/PASSWORD:

DATE/PASSWORD:

WEBSITE:

USERNAME/EMAL:

DATE/PASSWORD:

DATE/PASSWORD:

DATE/PASSWORD:

DATE/PASSWORD:

DATE/PASSWORD:

WEBSITE:

USERNAME/EMAIL:

DATE/PASSWORD:

DATE/PASSWORD:

DATE/PASSWORD:

DATE/PASSWORD:

DATE/PASSWORD:

WEBSITE:

USERNAME/EMAIL:

DATE/PASSWORD:

DATE/PASSWORD:

DATE/PASSWORD:

DATE/PASSWORD:

DATE/PASSWORD:

WEBSITE:

USERNAME/EMAL:

DATE/PASSWORD:

DATE/PASSWORD:

DATE/PASSWORD:

DATE/PASSWORD:

DATE/PASSWORD:

WEBSITE:

USERNAME/EMAIL:

DATE/PASSWORD:

DATE/PASSWORD:

DATE/PASSWORD:

DATE/PASSWORD:

DATE/PASSWORD:

WEBSITE:

USERNAME/EMAIL:

DATE/PASSWORD:

DATE/PASSWORD:

DATE/PASSWORD:

DATE/PASSWORD:

DATE/PASSWORD:

WEBSITE:

USERNAME/EMAL:

DATE/PASSWORD:

DATE/PASSWORD:

DATE/PASSWORD:

DATE/PASSWORD:

DATE/PASSWORD:

WEBSITE:

USERNAME/EMAIL:

DATE/PASSWORD:

DATE/PASSWORD:

DATE/PASSWORD:

DATE/PASSWORD:

DATE/PASSWORD:

WEBSITE:

USERNAME/EMAIL:

DATE/PASSWORD:

DATE/PASSWORD:

DATE/PASSWORD:

DATE/PASSWORD:

DATE/PASSWORD:

WEBSITE:

USERNAME/EMAL:

DATE/PASSWORD:

DATE/PASSWORD:

DATE/PASSWORD:

DATE/PASSWORD:

DATE/PASSWORD:

WEBSITE:

USERNAME/EMAIL:

DATE/PASSWORD:

DATE/PASSWORD:

DATE/PASSWORD:

DATE/PASSWORD:

DATE/PASSWORD:

WEBSITE:

USERNAME/EMAIL:

DATE/PASSWORD:

DATE/PASSWORD:

DATE/PASSWORD:

DATE/PASSWORD:

DATE/PASSWORD:

WEBSITE:

USERNAME/EMAL:

DATE/PASSWORD:

DATE/PASSWORD:

DATE/PASSWORD:

DATE/PASSWORD:

DATE/PASSWORD:

WEBSITE:

USERNAME/EMAIL:

DATE/PASSWORD:

DATE/PASSWORD:

DATE/PASSWORD:

DATE/PASSWORD:

DATE/PASSWORD:

WEBSITE:

USERNAME/EMAIL:

DATE/PASSWORD:

DATE/PASSWORD:

DATE/PASSWORD:

DATE/PASSWORD:

DATE/PASSWORD:

WEBSITE:

USERNAME/EMAL:

DATE/PASSWORD:

DATE/PASSWORD:

DATE/PASSWORD:

DATE/PASSWORD:

DATE/PASSWORD:

WEBSITE:

USERNAME/EMAIL:

DATE/PASSWORD:

DATE/PASSWORD:

DATE/PASSWORD:

DATE/PASSWORD:

DATE/PASSWORD:

WEBSITE:

USERNAME/EMAIL:

DATE/PASSWORD:

DATE/PASSWORD:

DATE/PASSWORD:

DATE/PASSWORD:

DATE/PASSWORD:

WEBSITE:

USERNAME/EMAL:

DATE/PASSWORD:

DATE/PASSWORD:

DATE/PASSWORD:

DATE/PASSWORD:

DATE/PASSWORD:

WEBSITE:

USERNAME/EMAIL:

DATE/PASSWORD:

DATE/PASSWORD:

DATE/PASSWORD:

DATE/PASSWORD:

DATE/PASSWORD:

WEBSITE:

USERNAME/EMAIL:

DATE/PASSWORD:

DATE/PASSWORD:

DATE/PASSWORD:

DATE/PASSWORD:

DATE/PASSWORD:

WEBSITE:

USERNAME/EMAL:

DATE/PASSWORD:

DATE/PASSWORD:

DATE/PASSWORD:

DATE/PASSWORD:

DATE/PASSWORD:

WEBSITE:

USERNAME/EMAIL:

DATE/PASSWORD:

DATE/PASSWORD:

DATE/PASSWORD:

DATE/PASSWORD:

DATE/PASSWORD:

WEBSITE:

USERNAME/EMAIL:

DATE/PASSWORD:

DATE/PASSWORD:

DATE/PASSWORD:

DATE/PASSWORD:

DATE/PASSWORD:

WEBSITE:

USERNAME/EMAL:

DATE/PASSWORD:

DATE/PASSWORD:

DATE/PASSWORD:

DATE/PASSWORD:

DATE/PASSWORD:

WEBSITE:

USERNAME/EMAIL:

DATE/PASSWORD:

DATE/PASSWORD:

DATE/PASSWORD:

DATE/PASSWORD:

DATE/PASSWORD:

WEBSITE:

USERNAME/EMAIL:

DATE/PASSWORD:

DATE/PASSWORD:

DATE/PASSWORD:

DATE/PASSWORD:

DATE/PASSWORD:

WEBSITE:

USERNAME/EMAL:

DATE/PASSWORD:

DATE/PASSWORD:

DATE/PASSWORD:

DATE/PASSWORD:

DATE/PASSWORD:

WEBSITE:

USERNAME/EMAIL:

DATE/PASSWORD:

DATE/PASSWORD:

DATE/PASSWORD:

DATE/PASSWORD:

DATE/PASSWORD:

WEBSITE:

USERNAME/EMAIL:

DATE/PASSWORD:

DATE/PASSWORD:

DATE/PASSWORD:

DATE/PASSWORD:

DATE/PASSWORD:

WEBSITE:

USERNAME/EMAL:

DATE/PASSWORD:

DATE/PASSWORD:

DATE/PASSWORD:

DATE/PASSWORD:

DATE/PASSWORD:

WEBSITE:

USERNAME/EMAIL:

DATE/PASSWORD:

DATE/PASSWORD:

DATE/PASSWORD:

DATE/PASSWORD:

DATE/PASSWORD:

WEBSITE:

USERNAME/EMAIL:

DATE/PASSWORD:

DATE/PASSWORD:

DATE/PASSWORD:

DATE/PASSWORD:

DATE/PASSWORD:

WEBSITE:

USERNAME/EMAL:

DATE/PASSWORD:

DATE/PASSWORD:

DATE/PASSWORD:

DATE/PASSWORD:

DATE/PASSWORD:

WEBSITE:

USERNAME/EMAIL:

DATE/PASSWORD:

DATE/PASSWORD:

DATE/PASSWORD:

DATE/PASSWORD:

DATE/PASSWORD:

WEBSITE:

USERNAME/EMAIL:

DATE/PASSWORD:

DATE/PASSWORD:

DATE/PASSWORD:

DATE/PASSWORD:

DATE/PASSWORD:

WEBSITE:

USERNAME/EMAL:

DATE/PASSWORD:

DATE/PASSWORD:

DATE/PASSWORD:

DATE/PASSWORD:

DATE/PASSWORD:

WEBSITE:

USERNAME/EMAIL:

DATE/PASSWORD:

DATE/PASSWORD:

DATE/PASSWORD:

DATE/PASSWORD:

DATE/PASSWORD:

WEBSITE:

USERNAME/EMAIL:

DATE/PASSWORD:

DATE/PASSWORD:

DATE/PASSWORD:

DATE/PASSWORD:

DATE/PASSWORD:

WEBSITE:

USERNAME/EMAL:

DATE/PASSWORD:

DATE/PASSWORD:

DATE/PASSWORD:

DATE/PASSWORD:

DATE/PASSWORD:

WEBSITE:

USERNAME/EMAIL:

DATE/PASSWORD:

DATE/PASSWORD:

DATE/PASSWORD:

DATE/PASSWORD:

DATE/PASSWORD:

WEBSITE:

USERNAME/EMAIL:

DATE/PASSWORD:

DATE/PASSWORD:

DATE/PASSWORD:

DATE/PASSWORD:

DATE/PASSWORD:

WEBSITE:

USERNAME/EMAL:

DATE/PASSWORD:

DATE/PASSWORD:

DATE/PASSWORD:

DATE/PASSWORD:

DATE/PASSWORD:

WEBSITE:

USERNAME/EMAIL:

DATE/PASSWORD:

DATE/PASSWORD:

DATE/PASSWORD:

DATE/PASSWORD:

DATE/PASSWORD:

WEBSITE:

USERNAME/EMAIL:

DATE/PASSWORD:

DATE/PASSWORD:

DATE/PASSWORD:

DATE/PASSWORD:

DATE/PASSWORD:

WEBSITE:

USERNAME/EMAL:

DATE/PASSWORD:

DATE/PASSWORD:

DATE/PASSWORD:

DATE/PASSWORD:

DATE/PASSWORD:

WEBSITE:

USERNAME/EMAIL:

DATE/PASSWORD:

DATE/PASSWORD:

DATE/PASSWORD:

DATE/PASSWORD:

DATE/PASSWORD:

WEBSITE:

USERNAME/EMAIL:

DATE/PASSWORD:

DATE/PASSWORD:

DATE/PASSWORD:

DATE/PASSWORD:

DATE/PASSWORD:

WEBSITE:

USERNAME/EMAL:

DATE/PASSWORD:

DATE/PASSWORD:

DATE/PASSWORD:

DATE/PASSWORD:

DATE/PASSWORD:

WEBSITE:

USERNAME/EMAIL:

DATE/PASSWORD:

DATE/PASSWORD:

DATE/PASSWORD:

DATE/PASSWORD:

DATE/PASSWORD:

WEBSITE:

USERNAME/EMAIL:

DATE/PASSWORD:

DATE/PASSWORD:

DATE/PASSWORD:

DATE/PASSWORD:

DATE/PASSWORD:

WEBSITE:

USERNAME/EMAL:

DATE/PASSWORD:

DATE/PASSWORD:

DATE/PASSWORD:

DATE/PASSWORD:

DATE/PASSWORD:

WEBSITE:

USERNAME/EMAIL:

DATE/PASSWORD:

DATE/PASSWORD:

DATE/PASSWORD:

DATE/PASSWORD:

DATE/PASSWORD:

WEBSITE:

USERNAME/EMAIL:

DATE/PASSWORD:

DATE/PASSWORD:

DATE/PASSWORD:

DATE/PASSWORD:

DATE/PASSWORD:

WEBSITE:

USERNAME/EMAL:

DATE/PASSWORD:

DATE/PASSWORD:

DATE/PASSWORD:

DATE/PASSWORD:

DATE/PASSWORD:

WEBSITE:

USERNAME/EMAIL:

DATE/PASSWORD:

DATE/PASSWORD:

DATE/PASSWORD:

DATE/PASSWORD:

DATE/PASSWORD:

WEBSITE:

USERNAME/EMAIL:

DATE/PASSWORD:

DATE/PASSWORD:

DATE/PASSWORD:

DATE/PASSWORD:

DATE/PASSWORD:

WEBSITE:

USERNAME/EMAL:

DATE/PASSWORD:

DATE/PASSWORD:

DATE/PASSWORD:

DATE/PASSWORD:

DATE/PASSWORD:

WEBSITE:

USERNAME/EMAIL:

DATE/PASSWORD:

DATE/PASSWORD:

DATE/PASSWORD:

DATE/PASSWORD:

DATE/PASSWORD:

WEBSITE:

USERNAME/EMAIL:

DATE/PASSWORD:

DATE/PASSWORD:

DATE/PASSWORD:

DATE/PASSWORD:

DATE/PASSWORD:

WEBSITE:

USERNAME/EMAL:

DATE/PASSWORD:

DATE/PASSWORD:

DATE/PASSWORD:

DATE/PASSWORD:

DATE/PASSWORD:

WEBSITE:

USERNAME/EMAIL:

DATE/PASSWORD:

DATE/PASSWORD:

DATE/PASSWORD:

DATE/PASSWORD:

DATE/PASSWORD:

WEBSITE:

USERNAME/EMAIL:

DATE/PASSWORD:

DATE/PASSWORD:

DATE/PASSWORD:

DATE/PASSWORD:

DATE/PASSWORD:

WEBSITE:

USERNAME/EMAL:

DATE/PASSWORD:

DATE/PASSWORD:

DATE/PASSWORD:

DATE/PASSWORD:

DATE/PASSWORD:

WEBSITE:

USERNAME/EMAIL:

DATE/PASSWORD:

DATE/PASSWORD:

DATE/PASSWORD:

DATE/PASSWORD:

DATE/PASSWORD:

WEBSITE:

USERNAME/EMAIL:

DATE/PASSWORD:

DATE/PASSWORD:

DATE/PASSWORD:

DATE/PASSWORD:

DATE/PASSWORD:

WEBSITE:

USERNAME/EMAL:

DATE/PASSWORD:

DATE/PASSWORD:

DATE/PASSWORD:

DATE/PASSWORD:

DATE/PASSWORD:

WEBSITE:

USERNAME/EMAIL:

DATE/PASSWORD:

DATE/PASSWORD:

DATE/PASSWORD:

DATE/PASSWORD:

DATE/PASSWORD:

WEBSITE:

USERNAME/EMAIL:

DATE/PASSWORD:

DATE/PASSWORD:

DATE/PASSWORD:

DATE/PASSWORD:

DATE/PASSWORD:

WEBSITE:

USERNAME/EMAL:

DATE/PASSWORD:

DATE/PASSWORD:

DATE/PASSWORD:

DATE/PASSWORD:

DATE/PASSWORD:

WEBSITE:

USERNAME/EMAIL:

DATE/PASSWORD:

DATE/PASSWORD:

DATE/PASSWORD:

DATE/PASSWORD:

DATE/PASSWORD:

WEBSITE:

USERNAME/EMAIL:

DATE/PASSWORD:

DATE/PASSWORD:

DATE/PASSWORD:

DATE/PASSWORD:

DATE/PASSWORD:

WEBSITE:

USERNAME/EMAL:

DATE/PASSWORD:

DATE/PASSWORD:

DATE/PASSWORD:

DATE/PASSWORD:

DATE/PASSWORD:

WEBSITE:

USERNAME/EMAIL:

DATE/PASSWORD:

DATE/PASSWORD:

DATE/PASSWORD:

DATE/PASSWORD:

DATE/PASSWORD:

WEBSITE:

USERNAME/EMAIL:

DATE/PASSWORD:

DATE/PASSWORD:

DATE/PASSWORD:

DATE/PASSWORD:

DATE/PASSWORD:

WEBSITE:

USERNAME/EMAL:

DATE/PASSWORD:

DATE/PASSWORD:

DATE/PASSWORD:

DATE/PASSWORD:

DATE/PASSWORD:

WEBSITE:

USERNAME/EMAIL:

DATE/PASSWORD:

DATE/PASSWORD:

DATE/PASSWORD:

DATE/PASSWORD:

DATE/PASSWORD:

WEBSITE:

USERNAME/EMAIL:

DATE/PASSWORD:

DATE/PASSWORD:

DATE/PASSWORD:

DATE/PASSWORD:

DATE/PASSWORD:

WEBSITE:

USERNAME/EMAL:

DATE/PASSWORD:

DATE/PASSWORD:

DATE/PASSWORD:

DATE/PASSWORD:

DATE/PASSWORD:

WEBSITE:

USERNAME/EMAIL:

DATE/PASSWORD:

DATE/PASSWORD:

DATE/PASSWORD:

DATE/PASSWORD:

DATE/PASSWORD:

WEBSITE:

USERNAME/EMAIL:

DATE/PASSWORD:

DATE/PASSWORD:

DATE/PASSWORD:

DATE/PASSWORD:

DATE/PASSWORD:

WEBSITE:

USERNAME/EMAL:

DATE/PASSWORD:

DATE/PASSWORD:

DATE/PASSWORD:

DATE/PASSWORD:

DATE/PASSWORD:

WEBSITE:

USERNAME/EMAIL:

DATE/PASSWORD:

DATE/PASSWORD:

DATE/PASSWORD:

DATE/PASSWORD:

DATE/PASSWORD:

WEBSITE:

USERNAME/EMAIL:

DATE/PASSWORD:

DATE/PASSWORD:

DATE/PASSWORD:

DATE/PASSWORD:

DATE/PASSWORD:

WEBSITE:

USERNAME/EMAL:

DATE/PASSWORD:

DATE/PASSWORD:

DATE/PASSWORD:

DATE/PASSWORD:

DATE/PASSWORD:

WEBSITE:

USERNAME/EMAIL:

DATE/PASSWORD:

DATE/PASSWORD:

DATE/PASSWORD:

DATE/PASSWORD:

DATE/PASSWORD:

WEBSITE:

USERNAME/EMAIL:

DATE/PASSWORD:

DATE/PASSWORD:

DATE/PASSWORD:

DATE/PASSWORD:

DATE/PASSWORD:

WEBSITE:

USERNAME/EMAL:

DATE/PASSWORD:

DATE/PASSWORD:

DATE/PASSWORD:

DATE/PASSWORD:

DATE/PASSWORD:

WEBSITE:

USERNAME/EMAIL:

DATE/PASSWORD:

DATE/PASSWORD:

DATE/PASSWORD:

DATE/PASSWORD:

DATE/PASSWORD:

WEBSITE:

USERNAME/EMAIL:

DATE/PASSWORD:

DATE/PASSWORD:

DATE/PASSWORD:

DATE/PASSWORD:

DATE/PASSWORD:

WEBSITE:

USERNAME/EMAL:

DATE/PASSWORD:

DATE/PASSWORD:

DATE/PASSWORD:

DATE/PASSWORD:

DATE/PASSWORD:

WEBSITE:

USERNAME/EMAIL:

DATE/PASSWORD:

DATE/PASSWORD:

DATE/PASSWORD:

DATE/PASSWORD:

DATE/PASSWORD:

WEBSITE:

USERNAME/EMAIL:

DATE/PASSWORD:

DATE/PASSWORD:

DATE/PASSWORD:

DATE/PASSWORD:

DATE/PASSWORD:

WEBSITE:

USERNAME/EMAL:

DATE/PASSWORD:

DATE/PASSWORD:

DATE/PASSWORD:

DATE/PASSWORD:

DATE/PASSWORD:

WEBSITE:

USERNAME/EMAIL:

DATE/PASSWORD:

DATE/PASSWORD:

DATE/PASSWORD:

DATE/PASSWORD:

DATE/PASSWORD:

WEBSITE:

USERNAME/EMAIL:

DATE/PASSWORD:

DATE/PASSWORD:

DATE/PASSWORD:

DATE/PASSWORD:

DATE/PASSWORD:

WEBSITE:

USERNAME/EMAL:

DATE/PASSWORD:

DATE/PASSWORD:

DATE/PASSWORD:

DATE/PASSWORD:

DATE/PASSWORD:

WEBSITE:

USERNAME/EMAIL:

DATE/PASSWORD:

DATE/PASSWORD:

DATE/PASSWORD:

DATE/PASSWORD:

DATE/PASSWORD:

WEBSITE:

USERNAME/EMAIL:

DATE/PASSWORD:

DATE/PASSWORD:

DATE/PASSWORD:

DATE/PASSWORD:

DATE/PASSWORD:

WEBSITE:

USERNAME/EMAL:

DATE/PASSWORD:

DATE/PASSWORD:

DATE/PASSWORD:

DATE/PASSWORD:

DATE/PASSWORD:

WEBSITE:

USERNAME/EMAIL:

DATE/PASSWORD:

DATE/PASSWORD:

DATE/PASSWORD:

DATE/PASSWORD:

DATE/PASSWORD:

WEBSITE:

USERNAME/EMAIL:

DATE/PASSWORD:

DATE/PASSWORD:

DATE/PASSWORD:

DATE/PASSWORD:

DATE/PASSWORD:

WEBSITE:

USERNAME/EMAL:

DATE/PASSWORD:

DATE/PASSWORD:

DATE/PASSWORD:

DATE/PASSWORD:

DATE/PASSWORD:

WEBSITE:

USERNAME/EMAIL:

DATE/PASSWORD:

DATE/PASSWORD:

DATE/PASSWORD:

DATE/PASSWORD:

DATE/PASSWORD:

WEBSITE:

USERNAME/EMAIL:

DATE/PASSWORD:

DATE/PASSWORD:

DATE/PASSWORD:

DATE/PASSWORD:

DATE/PASSWORD:

WEBSITE:

USERNAME/EMAL:

DATE/PASSWORD:

DATE/PASSWORD:

DATE/PASSWORD:

DATE/PASSWORD:

DATE/PASSWORD:

WEBSITE:

USERNAME/EMAIL:

DATE/PASSWORD:

DATE/PASSWORD:

DATE/PASSWORD:

DATE/PASSWORD:

DATE/PASSWORD:

WEBSITE:

USERNAME/EMAIL:

DATE/PASSWORD:

DATE/PASSWORD:

DATE/PASSWORD:

DATE/PASSWORD:

DATE/PASSWORD:

WEBSITE:

USERNAME/EMAL:

DATE/PASSWORD:

DATE/PASSWORD:

DATE/PASSWORD:

DATE/PASSWORD:

DATE/PASSWORD:

WEBSITE:

USERNAME/EMAIL:

DATE/PASSWORD:

DATE/PASSWORD:

DATE/PASSWORD:

DATE/PASSWORD:

DATE/PASSWORD:

WEBSITE:

USERNAME/EMAIL:

DATE/PASSWORD:

DATE/PASSWORD:

DATE/PASSWORD:

DATE/PASSWORD:

DATE/PASSWORD:

WEBSITE:

USERNAME/EMAL:

DATE/PASSWORD:

DATE/PASSWORD:

DATE/PASSWORD:

DATE/PASSWORD:

DATE/PASSWORD:

WEBSITE:

USERNAME/EMAIL:

DATE/PASSWORD:

DATE/PASSWORD:

DATE/PASSWORD:

DATE/PASSWORD:

DATE/PASSWORD:

WEBSITE:

USERNAME/EMAIL:

DATE/PASSWORD:

DATE/PASSWORD:

DATE/PASSWORD:

DATE/PASSWORD:

DATE/PASSWORD:

WEBSITE:

USERNAME/EMAL:

DATE/PASSWORD:

DATE/PASSWORD:

DATE/PASSWORD:

DATE/PASSWORD:

DATE/PASSWORD:

WEBSITE:

USERNAME/EMAIL:

DATE/PASSWORD:

DATE/PASSWORD:

DATE/PASSWORD:

DATE/PASSWORD:

DATE/PASSWORD:

WEBSITE:

USERNAME/EMAIL:

DATE/PASSWORD:

DATE/PASSWORD:

DATE/PASSWORD:

DATE/PASSWORD:

DATE/PASSWORD:

WEBSITE:

USERNAME/EMAL:

DATE/PASSWORD:

DATE/PASSWORD:

DATE/PASSWORD:

DATE/PASSWORD:

DATE/PASSWORD:

WEBSITE:

USERNAME/EMAIL:

DATE/PASSWORD:

DATE/PASSWORD:

DATE/PASSWORD:

DATE/PASSWORD:

DATE/PASSWORD:

WEBSITE:

USERNAME/EMAIL:

DATE/PASSWORD:

DATE/PASSWORD:

DATE/PASSWORD:

DATE/PASSWORD:

DATE/PASSWORD:

WEBSITE:

USERNAME/EMAL:

DATE/PASSWORD:

DATE/PASSWORD:

DATE/PASSWORD:

DATE/PASSWORD:

DATE/PASSWORD:

WEBSITE:

USERNAME/EMAIL:

DATE/PASSWORD:

DATE/PASSWORD:

DATE/PASSWORD:

DATE/PASSWORD:

DATE/PASSWORD:

WEBSITE:

USERNAME/EMAIL:

DATE/PASSWORD:

DATE/PASSWORD:

DATE/PASSWORD:

DATE/PASSWORD:

DATE/PASSWORD:

WEBSITE:

USERNAME/EMAL:

DATE/PASSWORD:

DATE/PASSWORD:

DATE/PASSWORD:

DATE/PASSWORD:

DATE/PASSWORD:

WEBSITE:

USERNAME/EMAIL:

DATE/PASSWORD:

DATE/PASSWORD:

DATE/PASSWORD:

DATE/PASSWORD:

DATE/PASSWORD:

WEBSITE:

USERNAME/EMAIL:

DATE/PASSWORD:

DATE/PASSWORD:

DATE/PASSWORD:

DATE/PASSWORD:

DATE/PASSWORD:

WEBSITE:

USERNAME/EMAL:

DATE/PASSWORD:

DATE/PASSWORD:

DATE/PASSWORD:

DATE/PASSWORD:

DATE/PASSWORD:

WEBSITE:

USERNAME/EMAIL:

DATE/PASSWORD:

DATE/PASSWORD:

DATE/PASSWORD:

DATE/PASSWORD:

DATE/PASSWORD:

WEBSITE:

USERNAME/EMAIL:

DATE/PASSWORD:

DATE/PASSWORD:

DATE/PASSWORD:

DATE/PASSWORD:

DATE/PASSWORD:

WEBSITE:

USERNAME/EMAL:

DATE/PASSWORD:

DATE/PASSWORD:

DATE/PASSWORD:

DATE/PASSWORD:

DATE/PASSWORD:

WEBSITE:

USERNAME/EMAIL:

DATE/PASSWORD:

DATE/PASSWORD:

DATE/PASSWORD:

DATE/PASSWORD:

DATE/PASSWORD:

WEBSITE:

USERNAME/EMAIL:

DATE/PASSWORD:

DATE/PASSWORD:

DATE/PASSWORD:

DATE/PASSWORD:

DATE/PASSWORD:

WEBSITE:

USERNAME/EMAL:

DATE/PASSWORD:

DATE/PASSWORD:

DATE/PASSWORD:

DATE/PASSWORD:

DATE/PASSWORD:

WEBSITE:

USERNAME/EMAIL:

DATE/PASSWORD:

DATE/PASSWORD:

DATE/PASSWORD:

DATE/PASSWORD:

DATE/PASSWORD:

WEBSITE:

USERNAME/EMAIL:

DATE/PASSWORD:

DATE/PASSWORD:

DATE/PASSWORD:

DATE/PASSWORD:

DATE/PASSWORD:

WEBSITE:

USERNAME/EMAL:

DATE/PASSWORD:

DATE/PASSWORD:

DATE/PASSWORD:

DATE/PASSWORD:

DATE/PASSWORD:

WEBSITE:

USERNAME/EMAIL:

DATE/PASSWORD:

DATE/PASSWORD:

DATE/PASSWORD:

DATE/PASSWORD:

DATE/PASSWORD:

WEBSITE:

USERNAME/EMAIL:

DATE/PASSWORD:

DATE/PASSWORD:

DATE/PASSWORD:

DATE/PASSWORD:

DATE/PASSWORD:

WEBSITE:

USERNAME/EMAL:

DATE/PASSWORD:

DATE/PASSWORD:

DATE/PASSWORD:

DATE/PASSWORD:

DATE/PASSWORD:

WEBSITE:

USERNAME/EMAIL:

DATE/PASSWORD:

DATE/PASSWORD:

DATE/PASSWORD:

DATE/PASSWORD:

DATE/PASSWORD:

WEBSITE:

USERNAME/EMAIL:

DATE/PASSWORD:

DATE/PASSWORD:

DATE/PASSWORD:

DATE/PASSWORD:

DATE/PASSWORD:

WEBSITE:

USERNAME/EMAL:

DATE/PASSWORD:

DATE/PASSWORD:

DATE/PASSWORD:

DATE/PASSWORD:

DATE/PASSWORD:

WEBSITE:

USERNAME/EMAIL:

DATE/PASSWORD:

DATE/PASSWORD:

DATE/PASSWORD:

DATE/PASSWORD:

DATE/PASSWORD:

WEBSITE:

USERNAME/EMAIL:

DATE/PASSWORD:

DATE/PASSWORD:

DATE/PASSWORD:

DATE/PASSWORD:

DATE/PASSWORD:

WEBSITE:

USERNAME/EMAL:

DATE/PASSWORD:

DATE/PASSWORD:

DATE/PASSWORD:

DATE/PASSWORD:

DATE/PASSWORD:

WEBSITE:

USERNAME/EMAIL:

DATE/PASSWORD:

DATE/PASSWORD:

DATE/PASSWORD:

DATE/PASSWORD:

DATE/PASSWORD:

WEBSITE:

USERNAME/EMAIL:

DATE/PASSWORD:

DATE/PASSWORD:

DATE/PASSWORD:

DATE/PASSWORD:

DATE/PASSWORD:

WEBSITE:

USERNAME/EMAL:

DATE/PASSWORD:

DATE/PASSWORD:

DATE/PASSWORD:

DATE/PASSWORD:

DATE/PASSWORD:

WEBSITE:

USERNAME/EMAIL:

DATE/PASSWORD:

DATE/PASSWORD:

DATE/PASSWORD:

DATE/PASSWORD:

DATE/PASSWORD:

WEBSITE:

USERNAME/EMAIL:

DATE/PASSWORD:

DATE/PASSWORD:

DATE/PASSWORD:

DATE/PASSWORD:

DATE/PASSWORD:

WEBSITE:

USERNAME/EMAL:

DATE/PASSWORD:

DATE/PASSWORD:

DATE/PASSWORD:

DATE/PASSWORD:

DATE/PASSWORD:

WEBSITE:

USERNAME/EMAIL:

DATE/PASSWORD:

DATE/PASSWORD:

DATE/PASSWORD:

DATE/PASSWORD:

DATE/PASSWORD:

WEBSITE:

USERNAME/EMAIL:

DATE/PASSWORD:

DATE/PASSWORD:

DATE/PASSWORD:

DATE/PASSWORD:

DATE/PASSWORD:

WEBSITE:

USERNAME/EMAL:

DATE/PASSWORD:

DATE/PASSWORD:

DATE/PASSWORD:

DATE/PASSWORD:

DATE/PASSWORD:

WEBSITE:

USERNAME/EMAIL:

DATE/PASSWORD:

DATE/PASSWORD:

DATE/PASSWORD:

DATE/PASSWORD:

DATE/PASSWORD:

WEBSITE:

USERNAME/EMAIL:

DATE/PASSWORD:

DATE/PASSWORD:

DATE/PASSWORD:

DATE/PASSWORD:

DATE/PASSWORD:

WEBSITE:

USERNAME/EMAL:

DATE/PASSWORD:

DATE/PASSWORD:

DATE/PASSWORD:

DATE/PASSWORD:

DATE/PASSWORD:

WEBSITE:

USERNAME/EMAIL:

DATE/PASSWORD:

DATE/PASSWORD:

DATE/PASSWORD:

DATE/PASSWORD:

DATE/PASSWORD:

WEBSITE:

USERNAME/EMAIL:

DATE/PASSWORD:

DATE/PASSWORD:

DATE/PASSWORD:

DATE/PASSWORD:

DATE/PASSWORD:

WEBSITE:

USERNAME/EMAL:

DATE/PASSWORD:

DATE/PASSWORD:

DATE/PASSWORD:

DATE/PASSWORD:

DATE/PASSWORD:

WEBSITE:

USERNAME/EMAIL:

DATE/PASSWORD:

DATE/PASSWORD:

DATE/PASSWORD:

DATE/PASSWORD:

DATE/PASSWORD:

WEBSITE:

USERNAME/EMAIL:

DATE/PASSWORD:

DATE/PASSWORD:

DATE/PASSWORD:

DATE/PASSWORD:

DATE/PASSWORD:

WEBSITE:

USERNAME/EMAL:

DATE/PASSWORD:

DATE/PASSWORD:

DATE/PASSWORD:

DATE/PASSWORD:

DATE/PASSWORD:

WEBSITE:

USERNAME/EMAIL:

DATE/PASSWORD:

DATE/PASSWORD:

DATE/PASSWORD:

DATE/PASSWORD:

DATE/PASSWORD:

WEBSITE:

USERNAME/EMAIL:

DATE/PASSWORD:

DATE/PASSWORD:

DATE/PASSWORD:

DATE/PASSWORD:

DATE/PASSWORD:

WEBSITE:

USERNAME/EMAL:

DATE/PASSWORD:

DATE/PASSWORD:

DATE/PASSWORD:

DATE/PASSWORD:

DATE/PASSWORD:

WEBSITE:

USERNAME/EMAIL:

DATE/PASSWORD:

DATE/PASSWORD:

DATE/PASSWORD:

DATE/PASSWORD:

DATE/PASSWORD:

WEBSITE:

USERNAME/EMAIL:

DATE/PASSWORD:

DATE/PASSWORD:

DATE/PASSWORD:

DATE/PASSWORD:

DATE/PASSWORD:

WEBSITE:

USERNAME/EMAL:

DATE/PASSWORD:

DATE/PASSWORD:

DATE/PASSWORD:

DATE/PASSWORD:

DATE/PASSWORD:

WEBSITE:

USERNAME/EMAIL:

DATE/PASSWORD:

DATE/PASSWORD:

DATE/PASSWORD:

DATE/PASSWORD:

DATE/PASSWORD:

WEBSITE:

USERNAME/EMAIL:

DATE/PASSWORD:

DATE/PASSWORD:

DATE/PASSWORD:

DATE/PASSWORD:

DATE/PASSWORD:

WEBSITE:

USERNAME/EMAL:

DATE/PASSWORD:

DATE/PASSWORD:

DATE/PASSWORD:

DATE/PASSWORD:

DATE/PASSWORD:

WEBSITE:

USERNAME/EMAIL:

DATE/PASSWORD:

DATE/PASSWORD:

DATE/PASSWORD:

DATE/PASSWORD:

DATE/PASSWORD:

WEBSITE:

USERNAME/EMAIL:

DATE/PASSWORD:

DATE/PASSWORD:

DATE/PASSWORD:

DATE/PASSWORD:

DATE/PASSWORD:

WEBSITE:

USERNAME/EMAL:

DATE/PASSWORD:

DATE/PASSWORD:

DATE/PASSWORD:

DATE/PASSWORD:

DATE/PASSWORD:

WEBSITE:

USERNAME/EMAIL:

DATE/PASSWORD:

DATE/PASSWORD:

DATE/PASSWORD:

DATE/PASSWORD:

DATE/PASSWORD:

WEBSITE:

USERNAME/EMAIL:

DATE/PASSWORD:

DATE/PASSWORD:

DATE/PASSWORD:

DATE/PASSWORD:

DATE/PASSWORD:

WEBSITE:

USERNAME/EMAL:

DATE/PASSWORD:

DATE/PASSWORD:

DATE/PASSWORD:

DATE/PASSWORD:

DATE/PASSWORD:

WEBSITE:

USERNAME/EMAIL:

DATE/PASSWORD:

DATE/PASSWORD:

DATE/PASSWORD:

DATE/PASSWORD:

DATE/PASSWORD:

WEBSITE:

USERNAME/EMAIL:

DATE/PASSWORD:

DATE/PASSWORD:

DATE/PASSWORD:

DATE/PASSWORD:

DATE/PASSWORD:

WEBSITE:

USERNAME/EMAL:

DATE/PASSWORD:

DATE/PASSWORD:

DATE/PASSWORD:

DATE/PASSWORD:

DATE/PASSWORD:

WEBSITE:

USERNAME/EMAIL:

DATE/PASSWORD:

DATE/PASSWORD:

DATE/PASSWORD:

DATE/PASSWORD:

DATE/PASSWORD:

WEBSITE:

USERNAME/EMAIL:

DATE/PASSWORD:

DATE/PASSWORD:

DATE/PASSWORD:

DATE/PASSWORD:

DATE/PASSWORD:

WEBSITE:

USERNAME/EMAL:

DATE/PASSWORD:

DATE/PASSWORD:

DATE/PASSWORD:

DATE/PASSWORD:

DATE/PASSWORD:

WEBSITE:

USERNAME/EMAIL:

DATE/PASSWORD:

DATE/PASSWORD:

DATE/PASSWORD:

DATE/PASSWORD:

DATE/PASSWORD:

WEBSITE:

USERNAME/EMAIL:

DATE/PASSWORD:

DATE/PASSWORD:

DATE/PASSWORD:

DATE/PASSWORD:

DATE/PASSWORD:

WEBSITE:

USERNAME/EMAL:

DATE/PASSWORD:

DATE/PASSWORD:

DATE/PASSWORD:

DATE/PASSWORD:

DATE/PASSWORD:

WEBSITE:

USERNAME/EMAIL:

DATE/PASSWORD:

DATE/PASSWORD:

DATE/PASSWORD:

DATE/PASSWORD:

DATE/PASSWORD:

WEBSITE:

USERNAME/EMAIL:

DATE/PASSWORD:

DATE/PASSWORD:

DATE/PASSWORD:

DATE/PASSWORD:

DATE/PASSWORD:

WEBSITE:

USERNAME/EMAL:

DATE/PASSWORD:

DATE/PASSWORD:

DATE/PASSWORD:

DATE/PASSWORD:

DATE/PASSWORD:

WEBSITE:

USERNAME/EMAIL:

DATE/PASSWORD:

DATE/PASSWORD:

DATE/PASSWORD:

DATE/PASSWORD:

DATE/PASSWORD:

WEBSITE:

USERNAME/EMAIL:

DATE/PASSWORD:

DATE/PASSWORD:

DATE/PASSWORD:

DATE/PASSWORD:

DATE/PASSWORD:

WEBSITE:

USERNAME/EMAL:

DATE/PASSWORD:

DATE/PASSWORD:

DATE/PASSWORD:

DATE/PASSWORD:

DATE/PASSWORD:

WEBSITE:

USERNAME/EMAIL:

DATE/PASSWORD:

DATE/PASSWORD:

DATE/PASSWORD:

DATE/PASSWORD:

DATE/PASSWORD:

WEBSITE:

USERNAME/EMAIL:

DATE/PASSWORD:

DATE/PASSWORD:

DATE/PASSWORD:

DATE/PASSWORD:

DATE/PASSWORD:

WEBSITE:

USERNAME/EMAL:

DATE/PASSWORD:

DATE/PASSWORD:

DATE/PASSWORD:

DATE/PASSWORD:

DATE/PASSWORD:

WEBSITE:

USERNAME/EMAIL:

DATE/PASSWORD:

DATE/PASSWORD:

DATE/PASSWORD:

DATE/PASSWORD:

DATE/PASSWORD:

WEBSITE:

USERNAME/EMAIL:

DATE/PASSWORD:

DATE/PASSWORD:

DATE/PASSWORD:

DATE/PASSWORD:

DATE/PASSWORD:

WEBSITE:

USERNAME/EMAL:

DATE/PASSWORD:

DATE/PASSWORD:

DATE/PASSWORD:

DATE/PASSWORD:

DATE/PASSWORD:

WEBSITE:

USERNAME/EMAIL:

DATE/PASSWORD:

DATE/PASSWORD:

DATE/PASSWORD:

DATE/PASSWORD:

DATE/PASSWORD:

WEBSITE:

USERNAME/EMAIL:

DATE/PASSWORD:

DATE/PASSWORD:

DATE/PASSWORD:

DATE/PASSWORD:

DATE/PASSWORD:

WEBSITE:

USERNAME/EMAL:

DATE/PASSWORD:

DATE/PASSWORD:

DATE/PASSWORD:

DATE/PASSWORD:

DATE/PASSWORD:

WEBSITE:

USERNAME/EMAIL:

DATE/PASSWORD:

DATE/PASSWORD:

DATE/PASSWORD:

DATE/PASSWORD:

DATE/PASSWORD:

WEBSITE:

USERNAME/EMAIL:

DATE/PASSWORD:

DATE/PASSWORD:

DATE/PASSWORD:

DATE/PASSWORD:

DATE/PASSWORD:

WEBSITE:

USERNAME/EMAL:

DATE/PASSWORD:

DATE/PASSWORD:

DATE/PASSWORD:

DATE/PASSWORD:

DATE/PASSWORD:

WEBSITE:

USERNAME/EMAIL:

DATE/PASSWORD:

DATE/PASSWORD:

DATE/PASSWORD:

DATE/PASSWORD:

DATE/PASSWORD:

WEBSITE:

USERNAME/EMAIL:

DATE/PASSWORD:

DATE/PASSWORD:

DATE/PASSWORD:

DATE/PASSWORD:

DATE/PASSWORD:

WEBSITE:

USERNAME/EMAL:

DATE/PASSWORD:

DATE/PASSWORD:

DATE/PASSWORD:

DATE/PASSWORD:

DATE/PASSWORD:

WEBSITE:

USERNAME/EMAIL:

DATE/PASSWORD:

DATE/PASSWORD:

DATE/PASSWORD:

DATE/PASSWORD:

DATE/PASSWORD:

WEBSITE:

USERNAME/EMAIL:

DATE/PASSWORD:

DATE/PASSWORD:

DATE/PASSWORD:

DATE/PASSWORD:

DATE/PASSWORD:

WEBSITE:

USERNAME/EMAL:

DATE/PASSWORD:

DATE/PASSWORD:

DATE/PASSWORD:

DATE/PASSWORD:

DATE/PASSWORD:

WEBSITE:

USERNAME/EMAIL:

DATE/PASSWORD:

DATE/PASSWORD:

DATE/PASSWORD:

DATE/PASSWORD:

DATE/PASSWORD:

WEBSITE:

USERNAME/EMAIL:

DATE/PASSWORD:

DATE/PASSWORD:

DATE/PASSWORD:

DATE/PASSWORD:

DATE/PASSWORD:

WEBSITE:

USERNAME/EMAL:

DATE/PASSWORD:

DATE/PASSWORD:

DATE/PASSWORD:

DATE/PASSWORD:

DATE/PASSWORD:

WEBSITE:

USERNAME/EMAIL:

DATE/PASSWORD:

DATE/PASSWORD:

DATE/PASSWORD:

DATE/PASSWORD:

DATE/PASSWORD:

WEBSITE:

USERNAME/EMAIL:

DATE/PASSWORD:

DATE/PASSWORD:

DATE/PASSWORD:

DATE/PASSWORD:

DATE/PASSWORD:

WEBSITE:

USERNAME/EMAL:

DATE/PASSWORD:

DATE/PASSWORD:

DATE/PASSWORD:

DATE/PASSWORD:

DATE/PASSWORD:

WEBSITE:

USERNAME/EMAIL:

DATE/PASSWORD:

DATE/PASSWORD:

DATE/PASSWORD:

DATE/PASSWORD:

DATE/PASSWORD:

WEBSITE:

USERNAME/EMAIL:

DATE/PASSWORD:

DATE/PASSWORD:

DATE/PASSWORD:

DATE/PASSWORD:

DATE/PASSWORD:

WEBSITE:

USERNAME/EMAL:

DATE/PASSWORD:

DATE/PASSWORD:

DATE/PASSWORD:

DATE/PASSWORD:

DATE/PASSWORD:

WEBSITE:

USERNAME/EMAIL:

DATE/PASSWORD:

DATE/PASSWORD:

DATE/PASSWORD:

DATE/PASSWORD:

DATE/PASSWORD:

WEBSITE:

USERNAME/EMAIL:

DATE/PASSWORD:

DATE/PASSWORD:

DATE/PASSWORD:

DATE/PASSWORD:

DATE/PASSWORD:

WEBSITE:

USERNAME/EMAL:

DATE/PASSWORD:

DATE/PASSWORD:

DATE/PASSWORD:

DATE/PASSWORD:

DATE/PASSWORD:

WEBSITE:

USERNAME/EMAIL:

DATE/PASSWORD:

DATE/PASSWORD:

DATE/PASSWORD:

DATE/PASSWORD:

DATE/PASSWORD:

WEBSITE:

USERNAME/EMAIL:

DATE/PASSWORD:

DATE/PASSWORD:

DATE/PASSWORD:

DATE/PASSWORD:

DATE/PASSWORD:

WEBSITE:

USERNAME/EMAL:

DATE/PASSWORD:

DATE/PASSWORD:

DATE/PASSWORD:

DATE/PASSWORD:

DATE/PASSWORD:

WEBSITE:

USERNAME/EMAIL:

DATE/PASSWORD:

DATE/PASSWORD:

DATE/PASSWORD:

DATE/PASSWORD:

DATE/PASSWORD:

WEBSITE:

USERNAME/EMAIL:

DATE/PASSWORD:

DATE/PASSWORD:

DATE/PASSWORD:

DATE/PASSWORD:

DATE/PASSWORD:

WEBSITE:

USERNAME/EMAL:

DATE/PASSWORD:

DATE/PASSWORD:

DATE/PASSWORD:

DATE/PASSWORD:

DATE/PASSWORD:

WEBSITE:

USERNAME/EMAIL:

DATE/PASSWORD:

DATE/PASSWORD:

DATE/PASSWORD:

DATE/PASSWORD:

DATE/PASSWORD:

WEBSITE:

USERNAME/EMAIL:

DATE/PASSWORD:

DATE/PASSWORD:

DATE/PASSWORD:

DATE/PASSWORD:

DATE/PASSWORD:

WEBSITE:

USERNAME/EMAL:

DATE/PASSWORD:

DATE/PASSWORD:

DATE/PASSWORD:

DATE/PASSWORD:

DATE/PASSWORD:

WEBSITE:

USERNAME/EMAIL:

DATE/PASSWORD:

DATE/PASSWORD:

DATE/PASSWORD:

DATE/PASSWORD:

DATE/PASSWORD:

WEBSITE:

USERNAME/EMAIL:

DATE/PASSWORD:

DATE/PASSWORD:

DATE/PASSWORD:

DATE/PASSWORD:

DATE/PASSWORD:

WEBSITE:

USERNAME/EMAL:

DATE/PASSWORD:

DATE/PASSWORD:

DATE/PASSWORD:

DATE/PASSWORD:

DATE/PASSWORD:

WEBSITE:

USERNAME/EMAIL:

DATE/PASSWORD:

DATE/PASSWORD:

DATE/PASSWORD:

DATE/PASSWORD:

DATE/PASSWORD:

WEBSITE:

USERNAME/EMAIL:

DATE/PASSWORD:

DATE/PASSWORD:

DATE/PASSWORD:

DATE/PASSWORD:

DATE/PASSWORD:

WEBSITE:

USERNAME/EMAL:

DATE/PASSWORD:

DATE/PASSWORD:

DATE/PASSWORD:

DATE/PASSWORD:

DATE/PASSWORD:

WEBSITE:

USERNAME/EMAIL:

DATE/PASSWORD:

DATE/PASSWORD:

DATE/PASSWORD:

DATE/PASSWORD:

DATE/PASSWORD:

WEBSITE:

USERNAME/EMAIL:

DATE/PASSWORD:

DATE/PASSWORD:

DATE/PASSWORD:

DATE/PASSWORD:

DATE/PASSWORD:

WEBSITE:

USERNAME/EMAL:

DATE/PASSWORD:

DATE/PASSWORD:

DATE/PASSWORD:

DATE/PASSWORD:

DATE/PASSWORD:

WEBSITE:

USERNAME/EMAIL:

DATE/PASSWORD:

DATE/PASSWORD:

DATE/PASSWORD:

DATE/PASSWORD:

DATE/PASSWORD:

WEBSITE:

USERNAME/EMAIL:

DATE/PASSWORD:

DATE/PASSWORD:

DATE/PASSWORD:

DATE/PASSWORD:

DATE/PASSWORD:

WEBSITE:

USERNAME/EMAL:

DATE/PASSWORD:

DATE/PASSWORD:

DATE/PASSWORD:

DATE/PASSWORD:

DATE/PASSWORD:

WEBSITE:

USERNAME/EMAIL:

DATE/PASSWORD:

DATE/PASSWORD:

DATE/PASSWORD:

DATE/PASSWORD:

DATE/PASSWORD:

WEBSITE:

USERNAME/EMAIL:

DATE/PASSWORD:

DATE/PASSWORD:

DATE/PASSWORD:

DATE/PASSWORD:

DATE/PASSWORD:

WEBSITE:

USERNAME/EMAL:

DATE/PASSWORD:

DATE/PASSWORD:

DATE/PASSWORD:

DATE/PASSWORD:

DATE/PASSWORD:

WEBSITE:

USERNAME/EMAIL:

DATE/PASSWORD:

DATE/PASSWORD:

DATE/PASSWORD:

DATE/PASSWORD:

DATE/PASSWORD:

WEBSITE:

USERNAME/EMAIL:

DATE/PASSWORD:

DATE/PASSWORD:

DATE/PASSWORD:

DATE/PASSWORD:

DATE/PASSWORD:

WEBSITE:

USERNAME/EMAL:

DATE/PASSWORD:

DATE/PASSWORD:

DATE/PASSWORD:

DATE/PASSWORD:

DATE/PASSWORD:

WEBSITE:

USERNAME/EMAIL:

DATE/PASSWORD:

DATE/PASSWORD:

DATE/PASSWORD:

DATE/PASSWORD:

DATE/PASSWORD:

WEBSITE:

USERNAME/EMAIL:

DATE/PASSWORD:

DATE/PASSWORD:

DATE/PASSWORD:

DATE/PASSWORD:

DATE/PASSWORD:

WEBSITE:

USERNAME/EMAL:

DATE/PASSWORD:

DATE/PASSWORD:

DATE/PASSWORD:

DATE/PASSWORD:

DATE/PASSWORD:

WEBSITE:

USERNAME/EMAIL:

DATE/PASSWORD:

DATE/PASSWORD:

DATE/PASSWORD:

DATE/PASSWORD:

DATE/PASSWORD:

WEBSITE:

USERNAME/EMAIL:

DATE/PASSWORD:

DATE/PASSWORD:

DATE/PASSWORD:

DATE/PASSWORD:

DATE/PASSWORD:

WEBSITE:

USERNAME/EMAL:

DATE/PASSWORD:

DATE/PASSWORD:

DATE/PASSWORD:

DATE/PASSWORD:

DATE/PASSWORD:

WEBSITE:

USERNAME/EMAIL:

DATE/PASSWORD:

DATE/PASSWORD:

DATE/PASSWORD:

DATE/PASSWORD:

DATE/PASSWORD:

WEBSITE:

USERNAME/EMAIL:

DATE/PASSWORD:

DATE/PASSWORD:

DATE/PASSWORD:

DATE/PASSWORD:

DATE/PASSWORD:

WEBSITE:

USERNAME/EMAL:

DATE/PASSWORD:

DATE/PASSWORD:

DATE/PASSWORD:

DATE/PASSWORD:

DATE/PASSWORD:

WEBSITE:

USERNAME/EMAIL:

DATE/PASSWORD:

DATE/PASSWORD:

DATE/PASSWORD:

DATE/PASSWORD:

DATE/PASSWORD:

WEBSITE:

USERNAME/EMAIL:

DATE/PASSWORD:

DATE/PASSWORD:

DATE/PASSWORD:

DATE/PASSWORD:

DATE/PASSWORD:

WEBSITE:

USERNAME/EMAL:

DATE/PASSWORD:

DATE/PASSWORD:

DATE/PASSWORD:

DATE/PASSWORD:

DATE/PASSWORD:

WEBSITE:

USERNAME/EMAIL:

DATE/PASSWORD:

DATE/PASSWORD:

DATE/PASSWORD:

DATE/PASSWORD:

DATE/PASSWORD:

WEBSITE:

USERNAME/EMAIL:

DATE/PASSWORD:

DATE/PASSWORD:

DATE/PASSWORD:

DATE/PASSWORD:

DATE/PASSWORD:

WEBSITE:

USERNAME/EMAL:

DATE/PASSWORD:

DATE/PASSWORD:

DATE/PASSWORD:

DATE/PASSWORD:

DATE/PASSWORD:

WEBSITE:

USERNAME/EMAIL:

DATE/PASSWORD:

DATE/PASSWORD:

DATE/PASSWORD:

DATE/PASSWORD:

DATE/PASSWORD:

WEBSITE:

USERNAME/EMAIL:

DATE/PASSWORD:

DATE/PASSWORD:

DATE/PASSWORD:

DATE/PASSWORD:

DATE/PASSWORD:

WEBSITE:

USERNAME/EMAL:

DATE/PASSWORD:

DATE/PASSWORD:

DATE/PASSWORD:

DATE/PASSWORD:

DATE/PASSWORD:

WEBSITE:

USERNAME/EMAIL:

DATE/PASSWORD:

DATE/PASSWORD:

DATE/PASSWORD:

DATE/PASSWORD:

DATE/PASSWORD:

WEBSITE:

USERNAME/EMAIL:

DATE/PASSWORD:

DATE/PASSWORD:

DATE/PASSWORD:

DATE/PASSWORD:

DATE/PASSWORD:

WEBSITE:

USERNAME/EMAL:

DATE/PASSWORD:

DATE/PASSWORD:

DATE/PASSWORD:

DATE/PASSWORD:

DATE/PASSWORD:

WEBSITE:

USERNAME/EMAIL:

DATE/PASSWORD:

DATE/PASSWORD:

DATE/PASSWORD:

DATE/PASSWORD:

DATE/PASSWORD:

WEBSITE:

USERNAME/EMAIL:

DATE/PASSWORD:

DATE/PASSWORD:

DATE/PASSWORD:

DATE/PASSWORD:

DATE/PASSWORD:

WEBSITE:

USERNAME/EMAL:

DATE/PASSWORD:

DATE/PASSWORD:

DATE/PASSWORD:

DATE/PASSWORD:

DATE/PASSWORD:

WEBSITE:

USERNAME/EMAIL:

DATE/PASSWORD:

DATE/PASSWORD:

DATE/PASSWORD:

DATE/PASSWORD:

DATE/PASSWORD:

WEBSITE:

USERNAME/EMAIL:

DATE/PASSWORD:

DATE/PASSWORD:

DATE/PASSWORD:

DATE/PASSWORD:

DATE/PASSWORD:

WEBSITE:

USERNAME/EMAL:

DATE/PASSWORD:

DATE/PASSWORD:

DATE/PASSWORD:

DATE/PASSWORD:

DATE/PASSWORD:

WEBSITE:

USERNAME/EMAIL:

DATE/PASSWORD:

DATE/PASSWORD:

DATE/PASSWORD:

DATE/PASSWORD:

DATE/PASSWORD:

WEBSITE:

USERNAME/EMAIL:

DATE/PASSWORD:

DATE/PASSWORD:

DATE/PASSWORD:

DATE/PASSWORD:

DATE/PASSWORD:

WEBSITE:

USERNAME/EMAL:

DATE/PASSWORD:

DATE/PASSWORD:

DATE/PASSWORD:

DATE/PASSWORD:

DATE/PASSWORD:

WEBSITE:

USERNAME/EMAIL:

DATE/PASSWORD:

DATE/PASSWORD:

DATE/PASSWORD:

DATE/PASSWORD:

DATE/PASSWORD:

WEBSITE:

USERNAME/EMAIL:

DATE/PASSWORD:

DATE/PASSWORD:

DATE/PASSWORD:

DATE/PASSWORD:

DATE/PASSWORD:

WEBSITE:

USERNAME/EMAL:

DATE/PASSWORD:

DATE/PASSWORD:

DATE/PASSWORD:

DATE/PASSWORD:

DATE/PASSWORD:

WEBSITE:

USERNAME/EMAIL:

DATE/PASSWORD:

DATE/PASSWORD:

DATE/PASSWORD:

DATE/PASSWORD:

DATE/PASSWORD:

WEBSITE:

USERNAME/EMAIL:

DATE/PASSWORD:

DATE/PASSWORD:

DATE/PASSWORD:

DATE/PASSWORD:

DATE/PASSWORD:

WEBSITE:

USERNAME/EMAL:

DATE/PASSWORD:

DATE/PASSWORD:

DATE/PASSWORD:

DATE/PASSWORD:

DATE/PASSWORD:

WEBSITE:

USERNAME/EMAIL:

DATE/PASSWORD:

DATE/PASSWORD:

DATE/PASSWORD:

DATE/PASSWORD:

DATE/PASSWORD:

WEBSITE:

USERNAME/EMAIL:

DATE/PASSWORD:

DATE/PASSWORD:

DATE/PASSWORD:

DATE/PASSWORD:

DATE/PASSWORD:

WEBSITE:

USERNAME/EMAL:

DATE/PASSWORD:

DATE/PASSWORD:

DATE/PASSWORD:

DATE/PASSWORD:

DATE/PASSWORD:

WEBSITE:

USERNAME/EMAIL:

DATE/PASSWORD:

DATE/PASSWORD:

DATE/PASSWORD:

DATE/PASSWORD:

DATE/PASSWORD:

WEBSITE:

USERNAME/EMAIL:

DATE/PASSWORD:

DATE/PASSWORD:

DATE/PASSWORD:

DATE/PASSWORD:

DATE/PASSWORD:

WEBSITE:

USERNAME/EMAL:

DATE/PASSWORD:

DATE/PASSWORD:

DATE/PASSWORD:

DATE/PASSWORD:

DATE/PASSWORD:

WEBSITE:

USERNAME/EMAIL:

DATE/PASSWORD:

DATE/PASSWORD:

DATE/PASSWORD:

DATE/PASSWORD:

DATE/PASSWORD:

WEBSITE:

USERNAME/EMAIL:

DATE/PASSWORD:

DATE/PASSWORD:

DATE/PASSWORD:

DATE/PASSWORD:

DATE/PASSWORD:

WEBSITE:

USERNAME/EMAL:

DATE/PASSWORD:

DATE/PASSWORD:

DATE/PASSWORD:

DATE/PASSWORD:

DATE/PASSWORD:

WEBSITE:

USERNAME/EMAIL:

DATE/PASSWORD:

DATE/PASSWORD:

DATE/PASSWORD:

DATE/PASSWORD:

DATE/PASSWORD:

WEBSITE:

USERNAME/EMAIL:

DATE/PASSWORD:

DATE/PASSWORD:

DATE/PASSWORD:

DATE/PASSWORD:

DATE/PASSWORD:

WEBSITE:

USERNAME/EMAL:

DATE/PASSWORD:

DATE/PASSWORD:

DATE/PASSWORD:

DATE/PASSWORD:

DATE/PASSWORD:

WEBSITE:

USERNAME/EMAIL:

DATE/PASSWORD:

DATE/PASSWORD:

DATE/PASSWORD:

DATE/PASSWORD:

DATE/PASSWORD:

WEBSITE:

USERNAME/EMAIL:

DATE/PASSWORD:

DATE/PASSWORD:

DATE/PASSWORD:

DATE/PASSWORD:

DATE/PASSWORD:

WEBSITE:

USERNAME/EMAL:

DATE/PASSWORD:

DATE/PASSWORD:

DATE/PASSWORD:

DATE/PASSWORD:

DATE/PASSWORD:

WEBSITE:

USERNAME/EMAIL:

DATE/PASSWORD:

DATE/PASSWORD:

DATE/PASSWORD:

DATE/PASSWORD:

DATE/PASSWORD:

WEBSITE:

USERNAME/EMAIL:

DATE/PASSWORD:

DATE/PASSWORD:

DATE/PASSWORD:

DATE/PASSWORD:

DATE/PASSWORD:

WEBSITE:

USERNAME/EMAL:

DATE/PASSWORD:

DATE/PASSWORD:

DATE/PASSWORD:

DATE/PASSWORD:

DATE/PASSWORD:

WEBSITE:

USERNAME/EMAIL:

DATE/PASSWORD:

DATE/PASSWORD:

DATE/PASSWORD:

DATE/PASSWORD:

DATE/PASSWORD:

WEBSITE:

USERNAME/EMAIL:

DATE/PASSWORD:

DATE/PASSWORD:

DATE/PASSWORD:

DATE/PASSWORD:

DATE/PASSWORD:

WEBSITE:

USERNAME/EMAL:

DATE/PASSWORD:

DATE/PASSWORD:

DATE/PASSWORD:

DATE/PASSWORD:

DATE/PASSWORD:

WEBSITE:

USERNAME/EMAIL:

DATE/PASSWORD:

DATE/PASSWORD:

DATE/PASSWORD:

DATE/PASSWORD:

DATE/PASSWORD:

WEBSITE:

USERNAME/EMAIL:

DATE/PASSWORD:

DATE/PASSWORD:

DATE/PASSWORD:

DATE/PASSWORD:

DATE/PASSWORD:

WEBSITE:

USERNAME/EMAL:

DATE/PASSWORD:

DATE/PASSWORD:

DATE/PASSWORD:

DATE/PASSWORD:

DATE/PASSWORD:

WEBSITE:

USERNAME/EMAIL:

DATE/PASSWORD:

DATE/PASSWORD:

DATE/PASSWORD:

DATE/PASSWORD:

DATE/PASSWORD:

WEBSITE:

USERNAME/EMAIL:

DATE/PASSWORD:

DATE/PASSWORD:

DATE/PASSWORD:

DATE/PASSWORD:

DATE/PASSWORD:

WEBSITE:

USERNAME/EMAL:

DATE/PASSWORD:

DATE/PASSWORD:

DATE/PASSWORD:

DATE/PASSWORD:

DATE/PASSWORD:

WEBSITE:

USERNAME/EMAIL:

DATE/PASSWORD:

DATE/PASSWORD:

DATE/PASSWORD:

DATE/PASSWORD:

DATE/PASSWORD:

WEBSITE:

USERNAME/EMAIL:

DATE/PASSWORD:

DATE/PASSWORD:

DATE/PASSWORD:

DATE/PASSWORD:

DATE/PASSWORD: